Eckart Brandt | Judith Bernhard

Unser Apfelkochbuch

Bassermann

Vorwort

Obst gehörte so selbstverständlich zu meinem Alltag als Kind wie das selbst gezogene Gemüse. Was nicht verkauft oder frisch verzehrt wurde, wurde verarbeitet, eingemacht, gedörrt oder versaftet. Der Geschmack dieser unverfälschten selbst erzeugten Lebensmittel liegt mir noch heute auf der Zunge, sie haben wohl meine Geschmacksempfindungen so nachhaltig geprägt, dass ich mich bis heute nicht gern mit „nachgemachten" Billig-Lebensmitteln abfertigen lasse.

Als ich mich 1983 mit einem gepachteten Obsthof selbständig machte, war klar, dass ich qualitativ hochwertiges Obst auf Basis ökologischen Anbaus erzeugen wollte. Bald erkannte ich, dass für mich diese Wirtschaftsweise am besten funktionierte, wenn ich sie mit alten robusten Sorten betrieb, die den ganzen Schnickschnack des modernen „Pflanzenschutzes" nicht nötig hatten.

In den jetzt schon über 30 Jahren der Beschäftigung mit alten Obstsorten entdeckte ich, was für eine nahezu unerschöpfliche Fülle von Aromen und Geschmacksnuancen in diesen alten Sorten stecken – neben der geradezu unendlichen Fülle verschiedener Formen und Farben. Was ich erst lernen musste: nicht jede Frucht ist eine großartige Tafelfrucht; manche Sorten entfalten ihre wahren Qualitäten erst in der Verarbeitung, also im Kochtopf, im Backofen oder nach spezielleren Verarbeitungsgängen. Hier sind sie dann auch unübertrefflich. Wer einmal probiert hat, eine würzige alte Apfelsorte durch einen faden modernen Supermarktapfel zu ersetzen, weiß wovon ich rede.

Ein Grund mehr, die alten Sorten nicht untergehen zu lassen; sie sind Garanten für die Vielfalt des Geschmacks.

Seit meine Frau Judith vor ein paar Jahren auf den Hof gezogen ist, haben sich ganz neue Möglichkeiten ergeben. Als gelernte Hauswirtschaftsleiterin weiß sie einfach besser mit Herd und Backofen umzugehen als ich oller Obstbauer.

So haben wir denn für dieses Buch unsere Kenntnisse und Fähigkeiten gebündelt, um Ihnen zu zeigen, was aus Obst alles werden kann und um Sie zu animieren, Ihren Speisezettel (mal wieder) mit dem einen oder anderen leckeren Obstgericht zu bereichern.

Wir wünschen Ihnen viel Spaß dabei.

Eckart Brandt und Judith Bernhard

Äpfel für die Küche

Natürlich kann man auch Tafeläpfel in der Küche verwenden. Allerdings nicht alle. Viele von ihnen, vor allem viele moderne Sorten, sind Äpfel, die man am besten nur als Frischobst verzehren sollte. Im Backofen und im Kochtopf sind sie langweilig und nichtssagend. Manche Tafeläpfel sind allerdings gleichzeitig auch hervorragende Verarbeitungs- oder Wirtschaftsäpfel wie z. B. der berühmte Gravensteiner, der Cox Orange oder die Goldparmäne.

Sie sind einem aber vielleicht (fast) zu schade für die Küche. Wenn man reichlich oder gar im Überfluss hat, kann man natürlich auch diese Sorten in den Topf oder in die Backröhre tun, zumal ja zumeist auch immer einige Früchte anfallen, die nicht optimal ausgebildet sind oder die eine Macke haben. Nun ist aber z. B. gerade der Gravensteiner als reichlich fauler Träger bekannt und man freut sich immer über jeden Apfel, den man überhaupt zu ernten bekommt. Und die schöne Goldparmäne alterniert zumeist heftig, d. h. sie trägt nur ordentlich in jedem zweiten Jahr. Hat man nur einen Baum dieser Sorte, wird man in einem Alternanzjahr kaum von den wenigen anfallenden Früchten noch etwas in der Küche verwenden wollen.

Da ist es dann gut, wenn man für die „häusliche Oeconomie“ (wie man im 19. Jahrhundert sagte), also zum Verarbeiten, noch seine eigenen Sorten hat. Diese „Wirtschaftsobstsorten“ erfreuten sich früher großer Wertschätzung, als in großen Familien die Lebensmittel möglichst selber hergestellt wurden und man sich im Rahmen einer umfassenden Vorratswirtschaft selbst sein Obst für die obstlose Jahreshälfte zur Seite stellte. Da wurde im großen Stil eingemacht, in Essig eingelegt, gedörrt, vermostet und gebrannt.

Diese Zeiten sind vorbei. Es gibt keine Großfamilien mehr, in denen flinke, jahrzehntelang geübte Großmütter zentnerweise Obst zerschnibbeln und einmachen, es gibt keine kühlen Vorratskeller mehr. Die Essgewohnheiten haben sich geändert: als Nachtisch gibt es heute ein Eis aus der Tiefkühltruhe und kein Kompott aus dem Weckglas. Und doch sollten wir noch einmal genau hinschauen, bevor wir diese alten Sorten sozusagen auf den Abfallhaufen der Obstgeschichte befördern. Die besten dieser Wirtschaftssorten sind keineswegs „Obst zweiter Wahl“. Viele dieser Sorten entfalten ihre wahren Qualitäten erst in der Verarbeitung. Erst wenn man sie sozusagen ihrer „wahren Bestimmung“ zuführt, kommen ihre großartigen Qualitäten zum Vorschein. Erst dann zeigt sich, dass sie den konkurrierenden Tafeläpfeln durchaus überlegen sein können, wenn sie auf ihrem idealen Feld zum Einsatz kommen.

Dieses Buch möchte Sie anregen, sich einmal mit diesem oft vernachlässigten Aspekt des Obstgenusses zu beschäftigen. Wir haben für Sie eine Auswahl unserer besten Apfelrezepte zusammengestellt und wir möchten Ihnen die eigentlichen Helden dieses Buches, die ausgewählten alten Apfelsorten, auf diese Weise kulinarisch näherbringen.

Suppen, Vorspeisen, Salate

Die Rezepte sind für 4 Personen berechnet.

Apfel-Möhren-Suppe

10 g (1 EL) Butter
½ TL mildes Currypulver
500 g Möhren, *in Scheiben schneiden*
300 g Äpfel (Klarapfel), *in Stücke schneiden*
400 ml Gemüsebrühe
Salz, Pfeffer aus der Mühle, Zucker

Die Butter in einer Pfanne bei mittlerer Hitze zerlassen. Das Currypulver darin unter Rühren 1 bis 2 Minuten anrösten bis es duftet. Möhren- und Apfelstücke zugeben, kurz mitdünsten.

Die Gemüsebrühe zugießen, aufkochen lassen und 15 Minuten sanft köcheln lassen. Dann pürieren und mit Salz, Pfeffer und Zucker abschmecken. *(Foto rechts)*

Apfelsuppe mit Curry

400 ml Gemüsebrühe
700 g Äpfel (Klarapfel), *in Stücke schneiden*
Salz, Pfeffer aus der Mühle, Zucker
mildes Currypulver

Die Gemüsebrühe in einem großen Topf zum Kochen bringen. Die Apfelstücke hinzufügen und 10 Minuten köcheln lassen.

Die Suppe pürieren und mit Salz, Pfeffer, Zucker und Currypulver abschmecken.

Zwiebelsuppe

2 EL Butter
700 g Zwiebeln, *in dünne Ringe schneiden*
125 ml Apfelwein
500 g Äpfel (Holsteiner Cox), *in Stücke schneiden*
1 l Rinderbrühe
Salz, Pfeffer aus der Mühle
frisch geriebener Käse

Die Butter in einem Topf zerlassen, die Zwiebelringe darin andünsten bis sie glasig bräunlich sind. Mit Apfelwein ablöschen und bei kleiner Hitze offen etwas einkochen lassen.

Die Apfelstücke zufügen, kurz mitdünsten. Brühe zugießen und alles bei schwacher Hitze 15 Minuten köcheln lassen. Mit Salz und Pfeffer abschmecken.

Backofen auf 250 °C (Umluft 230 °C) vorheizen. Die Suppe in feuerfeste Schalen oder Suppentassen füllen, mit dem Käse bestreuen und etwa 8 Minuten überbacken.

Porreesuppe

2 EL Öl
600 g Porree, *in dünne Ringe schneiden*
400 g Kartoffeln, *in Würfel schneiden*
300 g Äpfel (Holsteiner Cox), *in Stücke schneiden*
125 ml Apfelwein
1 l Gemüsebrühe
frisch geriebene Muskatnuss
Salz, Pfeffer aus der Mühle, Zucker
1 Eigelb

Das Öl in einer Pfanne erhitzen und die Porreeringe darin anbraten. Kartoffelwürfel und Apfelstücke hinzufügen und kurz mitbraten. Mit Apfelwein ablöschen. Die Brühe zugießen und kurz aufkochen lassen. Bei schwacher Hitze alles 20 Minuten köcheln lassen.

Den Topf vom Herd nehmen und alles pürieren. Die Suppe mit Muskat, Salz, Pfeffer und Zucker abschmecken.

Das Eigelb in einer Tasse verschlagen. Nach und nach 3 bis 4 EL heiße, aber nicht mehr kochende Suppe unterrühren, bis das Eigelb gut gebunden ist. Die Legierung in die Suppe einrühren. Die Suppe darf nicht mehr kochen, da das Eigelb sonst gerinnt.

Kartoffelsuppe

400 g durchwachsenen Speck, *fein würfeln*
4 Zwiebeln, *fein hacken*
1 kg Kartoffeln, *grob würfeln*
300 g Porree, *in feine Ringe schneiden*
500 g Möhren, *fein würfeln*
1 l Gemüsebrühe
500 g Äpfel (Boskoop), *würfeln*
Salz, Pfeffer aus der Mühle

In einer Pfanne den Speck bei mittlerer Hitze auslassen, die Zwiebeln darin leicht anbräunen. Kartoffeln, Porree und Möhren zugeben. Unter Rühren kurz mitbraten.

Die Brühe zugießen und aufkochen lassen, dann Hitze reduzieren. Nach 15 Minuten die Apfelwürfel dazugeben und weitere 10 Minuten sanft köcheln lassen. Mit Salz und Pfeffer kräftig abschmecken. *(Foto rechts)*

Maronensuppe

2 EL Öl
1 rote Zwiebel, *fein würfeln*
2 Knoblauchzehen, *fein würfeln*
100 g Putenbrust, *würfeln*
300 g gegarte Maronen (vakuumverpackt)
100 g Staudensellerie, *in feine Ringe schneiden*
100 g Karotten, *in feine Scheiben schneiden*
50 g braune Champignons, *klein schneiden*
200 g Äpfel (Berlepsch), *in Stücke schneiden*
2 Zweige frischer Thymian
125 ml Apfelwein
800 ml Gemüsebrühe
Salz, Pfeffer aus der Mühle

Das Öl in einer Pfanne erhitzen, Zwiebel und Knoblauch darin dünsten. Das Fleisch hinzugeben und von allen Seiten anbraten.

Maronen, Sellerie, Karotten, Champignons, Äpfel und Thymianzweige hinzufügen und unter Rühren andünsten. Mit Apfelwein ablöschen. Die Brühe zugießen und alles bei mittlerer Hitze 20 Minuten köcheln lassen.

Den Topf vom Herd nehmen, Thymianzweige entfernen und die Suppe pürieren. Mit Salz und Pfeffer abschmecken. *(Foto rechts)*

Tomatensuppe

2 EL Olivenöl
1 kg Tomaten, *grob würfeln*
500 g Äpfel (Klarapfel), *in Stücke schneiden*
1 l Gemüsebrühe
100 ml Apfelwein
Salz, Pfeffer aus der Mühle
frisches Basilikum

Olivenöl in einem großen Topf erhitzen. Tomaten- und Apfelstücke darin andünsten. Brühe und Apfelwein zugießen und bei kleiner Hitze 20 Minuten köcheln lassen.

Die Suppe durch ein Sieb passieren und mit Salz und Pfeffer würzen. Mit Basilikumblättchen servieren.

Schnelle Gemüsesuppe

2 EL Öl
2 Zwiebeln, *fein würfeln*
1 Kohlrabi, *fein würfeln*
2 Möhren, *fein würfeln*
½ kleiner Blumenkohl, *in Röschen teilen*
2 Äpfel (Gewürzluiken), *würfeln*
100 ml Apfelwein
1 l Gemüsebrühe
Salz
Pfeffer aus der Mühle

Öl in einem großen Topf erhitzen und die Zwiebeln darin glasig andünsten. Kohlrabi, Möhren, Blumenkohl und Apfelwürfel hinzufügen und unter Rühren mitbraten.

Mit Apfelwein ablöschen. Die Brühe zugießen, aufkochen und alles bei schwacher Hitze 25 Minuten kochen lassen. Mit Salz und Pfeffer abschmecken. *(Foto rechts)*

Linsensuppe

200 g durchwachsener Speck, *in feine Würfel schneiden*
2 Zwiebeln, *fein würfeln*
1 Bund Suppengrün, *fein würfeln*
300 g braune Linsen
1 l Gemüsebrühe
250 g Äpfel (Boskoop), *würfeln*
Salz
Pfeffer aus der Mühle
Zucker
edelsüßes Paprikapulver
1–2 EL Kräuteressig

In einer Pfanne den Speck bei mittlerer Hitze auslassen, die Zwiebeln dazugeben und leicht anbräunen. Suppengrün sowie Linsen hinzugeben, kurz mitdünsten. Die Brühe zugießen und aufkochen lassen, dann Hitze reduzieren.

Nach 15 Minuten die Apfelstücke hinzugeben, weitere 15 Minuten sanft köcheln lassen. Mit Salz, Pfeffer, Zucker, Paprikapulver und Kräuteressig süßsauer abschmecken.

Apfel-Thunfisch-Auflauf

2 Eier Größe M
2 EL Milch
2 EL Mehl
2 EL Öl
4 Äpfel (Berlepsch),
in ½ cm breite Scheiben schneiden
1 rote Zwiebel, *fein würfeln*
100 g Champignons, *in Scheiben schneiden*
Petersilie, *fein schneiden*
1 Dose Thunfisch (150 g Abtropfgewicht),
abtropfen lassen und zerkleinern
100 g (½ Becher) saure Sahne
Salz
Pfeffer aus der Mühle
100 g frisch geriebener Käse (z. B. Gouda)

Auflaufform
Fett für die Form

Eier und Milch gut verrühren. Mehl und Salz unterrühren. In einer Pfanne 1 EL Öl erhitzen. Die Apfelscheiben in der Eimasse wenden und nacheinander von beiden Seiten goldgelb braten. Herausnehmen und warm halten. Übriges Öl erhitzen, Zwiebelwürfel und Champignons darin anbraten. Petersilie, Thunfisch und saure Sahne untermengen. Mit Salz und Pfeffer würzen.

Den Backofen auf 170 °C (Umluft 150 °C) vorheizen. Die Auflaufform einfetten. Apfelscheiben, geriebenen Käse und Thunfischmasse lagenweise in die Form einschichten. Mit Apfelscheiben und etwas geriebenem Käse abschließen, 10 Minuten überbacken. *(Foto rechts unten)*

Apfel-Tomaten-Bruschetta

2 Tomaten, *fein würfeln*
2 Schalotten, *fein würfeln*
1 Apfel (Herzog von Cumberland), *fein würfeln*
1 EL Olivenöl
Oregano
Salz
schwarzer Pfeffer aus der Mühle
1 Ciabatta, *in Scheiben schneiden*

Tomaten, Schalotten und Apfel in eine Schüssel geben. Olivenöl und Oregano zugeben. Alles gut mischen und mit Salz und Pfeffer würzen. Das Ciabatta im Toaster oder im Backofen rösten. Die Apfel-Tomaten-Mischung auf den Scheiben verteilen.

Apfel im Speckmantel

1 Apfel (Berlepsch), *vierteln*
200 g Frühstücksspeck (Bacon)
1 EL Öl

Die Apfelviertel jeweils in drei Stücke schneiden. Jedes Stück mit 1 Scheibe Speck umwickeln. Das Öl in einer Pfanne erhitzen. Die umwickelten Apfelschnitze mit der Nahtstelle nach unten in die heiße Pfanne geben und von allen Seiten kross anbraten. *(Foto rechts oben)*

Gefüllte Tomaten

4 Fleischtomaten
1 Zwiebel, *fein hacken*
25 g geräucherter Schinken, *würfeln*
1 Apfel (Berlepsch), *fein würfeln*
Salz, Pfeffer aus der Mühle
Oregano

4 Eier Größe M
1 Kugel Mozzarella, *fein würfeln*
4 TL Butter

flache Auflaufform
Fett für die Form

Die Tomaten waschen und jeweils einen Deckel abschneiden. Kerne und Fruchtfleisch mit einem Löffel herauslösen. Tomatendeckel und Fruchtfleisch pürieren, beiseite stellen.

Zwiebel-, Schinken- und Apfelwürfel mischen. Die Tomaten innen salzen, pfeffern und mit Oregano ausstreuen. Bis zur Hälfte mit der Apfel-Schinken-Mischung füllen. In jede Tomate ein aufgeschlagenes Ei gleiten lassen, leicht salzen und mit Mozzarella belegen. Je 1 TL Butter daraufsetzen.

Den Backofen auf 180 °C (Umluft 160 °C) vorheizen. Die Auflaufform einfetten, Tomaten hineinsetzen und 12 bis 15 Minuten garen bis die Eier gestockt sind. *(Foto rechts)*

Sellerie-Apfel-Scheiben

1 kleiner Knollensellerie
1 großer Apfel (Gewürzluiken),
Kerngehäuse ausstechen, in Scheiben schneiden

200 g Gouda, *in Scheiben schneiden*

Die Sellerieknolle ungeschält in einen Topf geben und vollständig mit Wasser bedecken. Zum Kochen bringen und etwa 20 Minuten köcheln lassen. Der Sellerie ist gar, wenn er sich mit der Spitze eines Küchenmessers leicht einstechen lässt. Herausnehmen, kurz abkühlen lassen und schälen.

Den Backofen auf 160 °C (Umluft 140 °C) vorheizen. Sellerie quer in 1,5 cm dicke Scheiben schneiden und nebeneinander auf ein gefettetes Backblech legen. Auf jede Selleriescheibe 1 Apfelscheibe legen, mit je 1 Scheibe Käse abschließen und etwa 15 bis 20 Minuten backen. Wer mag, kann zwischen Sellerie und Apfel noch zwei Scheiben gebratenen Frühstücksspeck legen.

Gerolltes Omelett

4 Eier Größe M
200 g Crème Fraîche
Salz, Pfeffer aus der Mühle
Schnittlauch, *in feine Röllchen schneiden*
1 EL Öl
2 EL Zitronensaft
200 g gekochter Schinken, *in Streifen schneiden*
2 Äpfel (Roter Eiserapfel), *sehr fein würfeln*

Die Eier mit 50 g Crème Fraîche und etwas Salz und Pfeffer in einer kleinen Schüssel verquirlen. Schnittlauch unterrühren, einen Rest zurückbehalten. Das Öl in einer Pfanne erhitzen und nacheinander 4 Omeletts bei schwacher Hitze darin stocken lassen. Herausnehmen bevor die Oberseite trocken wird, abkühlen lassen. Auf jedes Omelett etwas Schinken legen.

Übrige Crème Fraîche mit Zitronensaft, Schnittlauch, Salz und Pfeffer verrühren. Apfel auf den Omeletts verteilen, die Sauce darüber geben. Omeletts fest aufrollen und in Frischhaltefolie wickeln. Bis zum Verzehr im Kühlschrank aufbewahren. *(Foto rechts)*

Apfeltoast

1 Ei Größe M
2 EL Milch
1 EL Mehl
Salz, schwarzer Pfeffer aus der Mühle
1 EL Olivenöl
2 Äpfel (Herzog von Cumberland), *in Scheiben schneiden*
2 Tomaten, *in Scheiben schneiden*
4 Scheiben Toastbrot
4 Scheiben Gouda

Ei, Milch, Mehl, Salz und Pfeffer verquirlen. Das Öl in einer Pfanne erhitzen. Die Apfelscheiben in der Eimasse wenden, abtropfen lassen und im heißen Öl von beiden Seiten goldgelb anbraten.

Den Backofen auf 220 °C (Umluft 200 °C) vorheizen. Toastbrot auf beiden Seiten toasten und nebeneinander auf ein Backblech legen. Mit Apfel, Tomate und Käse belegen und 10 bis 15 Minuten goldbraun überbacken. Mit Pfeffer bestreut servieren.

Apfelsalat mit Pute und Käse

Für den Salat
400 g Gouda, *würfeln*
300 g gegarte Putenbrust, *würfeln*
1 Apfel (Gelber Richard), *fein würfeln*
1 Paprikaschote, *fein würfeln*
1 Stange Porree, *in feine Ringe schneiden*

Für die Salatsosse
50 ml (5 EL) Apfelessig
Salz, Pfeffer aus der Mühle
Zucker
5 EL Olivenöl
50 g Sonnenblumenkerne

Alle Salatzutaten in einer großen Schüssel mischen. Apfelessig mit Salz, Pfeffer und Zucker verrühren. Das Öl gründlich unter die Salatsoße schlagen. Salat mit der Soße mischen und mit Sonnenblumenkernen bestreut servieren.

Rucola mit Apfel

Für den Salat
30 g Pinienkerne
125 g Rucola, *in mundgerechte Stücke schneiden*
200 g Cocktailtomaten, *halbieren oder vierteln*
1 Apfel (Berlepsch), *in feine Spalten schneiden*
60 g Gouda, *hobeln*

Für die Salatsosse
3 EL Apfelessig
Salz, Pfeffer aus der Mühle
½ TL Honig
5 EL Olivenöl

Die Pinienkerne in einer Pfanne ohne Fett rösten. Auf einen Teller geben und abkühlen lassen.

Rucola, Tomaten und Apfel mischen. Den Apfelessig mit Salz, Pfeffer und Honig verrühren. Das Öl kräftig darunterschlagen und über den Salat träufeln, mit Käse und Pinienkernen bestreut servieren. *(Foto rechts)*

Apfelvesper

4 kleine Tomaten, *vierteln*
1 Zwiebel, *in feine Ringe schneiden*
1 kleine saure Gurke (ca. 30 g), *fein würfeln*
1 kleine scharfe Peperoni, *entkernen und fein würfeln (ersatzweise getrocknete Peperoni oder Cayennepfeffer)*
3 Stängel frischer Oregano, *Blättchen abzupfen*
1 Apfel (Gelber Richard), *in feine Spalten schneiden*
1–2 EL Olivenöl

Alle Zutaten in einer großen Schüssel mischen. Olivenöl hinzufügen und mit Salz würzen. Vor dem Servieren 60 Minuten durchziehen lassen.

Eiersalat mit Äpfeln

Für den Salat
6 Eier, *hart kochen, würfeln*
1 kleine Dose Mandarinen, *abtropfen lassen, Saft auffangen*
1 Apfel (Gelber Richard), *würfeln*
500 g Chicorée, *in Streifen schneiden*
2 EL ungesalzene Erdnusskerne, *grob würfeln*

Für die Salatsosse
200 g saure Sahne
150 g Crème Fraîche
Mandarinensaft
Salz
Pfeffer aus der Mühle
mildes Currypulver

Saure Sahne, Crème Fraîche und Mandarinensaft verrühren. Mit Salz, Pfeffer und Currypulver abschmecken. Chicorée und Apfelwürfel mischen. Mandarinen und Erdnusskerne daraufverteilen und die Soße darüberträufeln. *(Foto rechts)*

Holsteiner Nudelsalat

Für den Salat
4 Stangen Staudensellerie, *in feine Scheiben schneiden*
2 Äpfel (Holsteiner Cox), *fein würfeln*
2 rote Zwiebeln, *fein würfeln*
250 g Cocktailtomaten, *halbieren oder vierteln*
300 g gekochte Nudeln

Für die Salatsosse
3 gehäufte TL grünes Pesto
5 EL Olivenöl
2 EL Zitronensaft
2 Knoblauchzehen, *fein würfeln*
Salz
Pfeffer aus der Mühle

Sellerie, Apfel und Zwiebeln in einer großen Schüssel mischen. Cocktailtomaten und gekochte Nudeln vorsichtig unterheben. Pesto mit Olivenöl, Zitronensaft und dem Knoblauch verrühren. Mit Salz und Pfeffer würzen. Zum Salat geben und alles gut vermengen. Vor dem Servieren etwa 1 Stunde durchziehen lassen.

Fenchelsalat

FÜR DEN SALAT
2 Äpfel (Gelber Richard), *fein würfeln*
1 Fenchelknolle, *fein würfeln*
1 Paprikaschote, *fein würfeln*

FÜR DIE SALATSOSSE
Saft einer Zitrone
1 EL Apfelsaft
1 El flüssiger Honig
1 El Olivenöl
1 Knoblauchzehe, *fein würfeln*
Kräutersalz, Pfeffer aus der Mühle

Die Salatzutaten in eine Schüssel geben. Zitronen- und Apfelsaft mit dem Honig verrühren. Das Olivenöl kräftig unterschlagen, Knoblauch unterrühren und die Soße mit Kräutersalz und Pfeffer würzen, zum Salat geben und alles gründlich miteinander vermengen. Den Salat vor dem Servieren etwa 30 Minuten durchziehen lassen. *(Foto auf Seite 12 rechts oben)*

Mozzarella-Rucola-Salat

50 g Kern-Mischung für Salat (Sonnenblumen-, Kürbis-, Pinienkerne)
3 EL Zucker
5 EL Balsamico
1–2 getrocknete Chilischoten, *fein zerkleinern*
150 g Rucola
3 Äpfel (Holsteiner Cox), *in feine Spalten schneiden*
3 Kugeln Mozzarella, *trocken tupfen und in Scheiben schneiden*

Die Kerne grob hacken und in einer Pfanne ohne Fett hellbraun rösten, herausnehmen und abkühlen lassen.

Den Zucker in einer Pfanne bei mittlerer Hitze hellbraun karamellisieren lassen. 100 ml Wasser, 4 EL Balsamico und die Chilischote zugeben. Alles bei kleiner Hitze zum Kochen bringen und zu Sirup einkochen lassen, abkühlen.

Rucola und Apfelspalten auf einer Platte verteilen. Mozzarella darüberverteilen. Die Kerne unter den abgekühlten Sirup rühren. Kurz vor dem Servieren über den Mozzarella träufeln.
(Foto auf Seite 12 rechts unten)

Norddeutscher Rote-Bete-Salat mit Kümmel

FÜR DEN SALAT
300 g Rote Bete Knollen
½ TL Kümmelsamen
200 g Äpfel (Holsteiner Cox), *würfeln*
1 Zitrone, *schälen, längs halbieren und in dünne Scheiben schneiden*
40 g Zwiebel, *fein würfeln*

FÜR DIE SALATSOSSE
3 EL Apfelessig
5 EL Olivenöl
Salz
frisch gemahlener Pfeffer

Die Rote Bete waschen und ungeschält in Salzwasser mit den Kümmelsamen 50 bis 60 Minuten garen. Abgießen, etwas abkühlen lassen, schälen und in dünne Scheiben schneiden.

Apfelessig und Olivenöl gut verrühren. Die Soße mit Salz und Pfeffer würzen. Apfel, Zitrone, Rote-Bete und Zwiebel in eine große Schüssel geben. Die Soße darüberträufeln und alles miteinander vermengen.

Lauwarmer Gemüsesalat

FÜR DEN SALAT
300 g frische Saubohnenkerne (dicke Bohnen), ersatzweise TK
30 g Haselnüsse, *grob hacken*
100 ml Gemüsebrühe
350 g (1 Knolle) Kohlrabi, *in Stifte schneiden*
250 g Äpfel (Boskoop), *fein würfeln*
350 g Zuckerschoten
2 Frühlingszwiebeln, *in feine Ringe schneiden*

FÜR DIE SALATSOSSE
2 EL Magerquark
1 TL Senf
1 EL Zitronensaft
Salz
Pfeffer aus der Mühle
je 3 Stängel Petersilie, Thymian und Oregano, *fein hacken*

Die Saubohnen in wenig gesalzenem Wasser etwa 35 Minuten kochen. Abgießen und abtropfen lassen. Die Haselnüsse ohne Fett in einer Pfanne goldbraun rösten. Herausnehmen und abkühlen lassen.

Die Gemüsebrühe in einem Topf erhitzen. Kohlrabi, Apfel und Zuckerschoten 25 Minuten darin bissfest garen, abgießen und abtropfen lassen, Gemüsebrühe dabei auffangen.

Für die Soße Quark mit Senf und Zitronensaft glatt rühren, salzen und pfeffern. Kräuter unterrühren, mit der Gemüsebrühe verfeinern. Das gegarte Gemüse zugeben und mit der Soße gut vermengen. Den Salat mit gerösteten Haselnüssen und Frühlingszwiebeln bestreuen.

Hauptgerichte

Die Rezepte sind für 4 Personen berechnet.

Bratkartoffelomelett

5 EL Öl
400 g Pellkartoffeln vom Vortag, *in nicht zu dünne Scheiben schneiden*
2 Zwiebeln, *fein würfeln*
3 Äpfel (Roter Eiserapfel), *fein würfeln*
Salz
Pfeffer aus der Mühle
12 Eier Größe M
frisch geriebene Muskatnuss
frisch geriebener Käse

Das Öl in einer großen Pfanne erhitzen. Kartoffeln auf einer Seite bei starker Hitze 5 Minuten braten, wenden. Zwiebel- und Apfelwürfel dazugeben, salzen und pfeffern. Weitere 5 Minuten braten, ab und zu wenden.

Den Backofen auf 180 °C (Umluft 160 °C) vorheizen. Die Eier in einer Schüssel gut verschlagen und über die Kartoffeln gießen. Die Eimasse in der Pfanne 4 Minuten stocken lassen, dann im Backofen (Mitte) weitere 5 Minuten backen, zwischendurch umdrehen.

Bratkartoffeln mit Gemüse

2 EL Butterschmalz
600 g Pellkartoffeln vom Vortag, *in nicht zu dünne Scheiben schneiden*
200 g durchwachsener Speck, *fein würfeln*
2 Zwiebeln, *fein würfeln*
2 Knoblauchzehen, *fein würfeln*
200 g Äpfel (Prinz Albrecht), *würfeln*
300 g Pilze, *in Scheiben schneiden*
1 Paprikaschote, *fein würfeln*
2 Tomaten, *fein würfeln*
Salz, Pfeffer aus der Mühle
frisch geriebene Muskatnuss
½ Bund Frühlingszwiebeln, *in feine Ringe schneiden*

1 EL Butterschmalz in einer großen Pfanne erhitzen. Kartoffelscheiben hineingeben und auf einer Seite bei starker Hitze 5 Minuten braten, wenden.

Übriges Butterschmalz erhitzen, Speck, Zwiebeln und Knoblauch zu den Kartoffeln geben und 4 bis 5 Minuten mitbraten. Äpfel, Pilze, Paprika und Tomaten untermischen und noch 2 bis 3 Minuten mitbraten. Mit Salz, Pfeffer und geriebener Muskatnuss abschmecken. Frühlingszwiebeln darüberstreuen. *(Foto rechts)*

Ofenkartoffeln mit Apfel-Kräuter-Füllung

8 große Kartoffeln
100 g Kartoffeln
2 Äpfel (Boskoop),
schälen und in grobe Stücke schneiden
100 g Erbsen
50 ml Gemüsebrühe
125 g Magerquark
2 EL gemischte Kräuter
frisch geriebene Muskatnuss
Salz
Pfeffer aus der Mühle
1 Ei Größe M
50 g Käse, *fein reiben*

flache Auflaufform
Fett für die Form

Den Backofen auf 250 °C (Umluft 230 °C) vorheizen. Die großen Kartoffeln gründlich waschen und rundum mehrmals mit einer Gabel einstechen. Einzeln in Alufolie einwickeln und auf den Backrost legen. Im heißen Ofen (Mitte) 45 bis 50 Minuten backen. Herausnehmen, auswickeln, halbieren und auskühlen lassen. Die Backofenhitze auf 180 °C (Umluft 160 °C) reduzieren.

Die übrigen Kartoffeln schälen und weich kochen. Apfelstücke und Erbsen in wenig Wasser 10 Minuten garen, mit den gekochten Kartoffeln pürieren und mit Gemüsebrühe und Quark verrühren. Mit Kräutern, Muskatnuss, Salz und Pfeffer abschmecken.

Die Ofenkartoffeln bis auf ca. 1 cm Rand aushöhlen. Die Hälften mit der Apfel-Kräuter-Mischung füllen. Das Ei verquirlen und die Füllung damit bestreichen. Die Hälften nebeneinander in die gefettete Form setzen. Mit Käse bestreuen und im heißen Backofen (Mitte) ca. 10 Minuten goldbraun überbacken. *(Foto rechts)*

Apfel-Tomaten-Kartoffeltopf

1 EL Olivenöl
1 Zwiebel, *fein würfeln*
2 Knoblauchzehen, *fein würfeln*
500 g mehligkochende Kartoffeln
(Gunda, Marabell), *würfeln*
500 g Fleischtomaten, *grob würfeln*
je 3 Zweige Thymian und Rosmarin
500 ml Brühe
3 Äpfel (Gewürzluiken), *würfeln*
Salz, Pfeffer

Das Öl in einer Pfanne erhitzen. Zwiebel und Knoblauch darin anbraten. Die Kartoffelwürfel dazugeben und kurz mitbraten. Tomaten, Thymian- und Rosmarinzweige hinzugeben. Alles mit Brühe ablöschen und 10 Minuten köcheln lassen.

Die Äpfel hinzugeben und weitere 5 Minuten dünsten. Gelegentlich umrühren. Mit Salz und Pfeffer abschmecken.

Kartoffel-Sauerkraut-Auflauf

1 kg Kartoffeln
300 g Sauerkraut
300 g Äpfel (Herzog von Cumberland), *schälen und in Spalten schneiden*
Salz
Pfeffer aus der Mühle
4 Wachholderbeeren
1 Lorbeerblatt
½ TL Kümmel
4 Nelken
100 ml Apfelsaft
100 g Crème Fraîche
2 Schalotten, *fein würfeln*
100 g Edamer, *reiben*
Schnittlauch, *in feine Röllchen schneiden*

Auflaufform
Fett für die Form

Die Kartoffeln schälen und in Salzwasser 15 bis 20 Minuten bissfest kochen. Abgießen und in dünne Scheiben schneiden. Eine Auflaufform dünn einfetten und mit den Kartoffelscheiben auslegen.

Sauerkraut abtropfen lassen und kleiner schneiden, mit Apfelspalten, Gewürzen und Apfelsaft mischen. Die Masse gleichmäßig auf den Kartoffelscheiben verteilen. Den Backofen auf 200 °C (Umluft 180 °C) vorheizen.

Crème Fraîche mit Schalotten und Käse verrühren, über die Sauerkraut-Apfel-Mischung geben. Den Auflauf im heißen Backofen (Mitte) 30 Minuten backen. Vor dem Servieren mit Schnittlauch garnieren.

Apfel-Kartoffel-Puffer

1 kg Kartoffeln, *schälen und raspeln*
500 g Äpfel (Klarapfel), *schälen und raspeln*
1 Zwiebel, *schälen und raspeln*
2–3 EL Weizenvollkornmehl
2 Eier Größe M
Salz
frisch geriebene Muskatnuss
5 EL Rapsöl

Kartoffeln, Äpfel und Zwiebeln in einer Schüssel gut vermengen. Mit Mehl und Eiern zu einer nicht zu trockenen Masse vermischen. Mit Salz und Muskatnuss würzen.

In einer großen Pfanne etwas von dem Öl erhitzen. Die Kartoffelmasse löffelweise hineingeben, glatt streichen und auf beiden Seiten bei mittlerer Hitze in jeweils ca. 5 Minuten braun und knusprig braten. Auf Küchenpapier abtropfen lassen und warm halten, bis alle Puffer gebacken sind. *(Foto rechts)*

Himmel und Erd'

1,2 kg Kartoffeln, *halbieren oder vierteln*
500 g Äpfel (Herzog von Cumberland), *schälen und grob würfeln*
300 g durchwachsener Speck, *fein würfeln*
2 EL Butter
300 g Zwiebeln, *in Scheiben schneiden*
250 ml Milch
frisch geriebene Muskatnuss
Salz, Pfeffer aus der Mühle
Zucker

Die Kartoffeln in reichlich Salzwasser 10 Minuten kochen. Die Äpfel zufügen und weitere 10 Minuten kochen lassen.

Den Speck in einer Pfanne mit 1 EL Butter bei schwacher Hitze langsam knusprig braten. Zwiebeln zum Speck geben, goldbraun braten und beiseite stellen.

Die Milch in einem kleinen Topf vorsichtig erhitzen. Kartoffeln und Äpfel abgießen, Kochflüssigkeit dabei auffangen. Kartoffeln und Äpfel im Topf zerstampfen, mit heißer Milch und 1 EL Butter vermischen. Falls der Brei zu trocken erscheint, noch etwas Kochflüssigkeit zugeben.
Mit Muskatnuss, Salz, Zucker und Pfeffer abschmecken.

Speck und Zwiebeln auf dem Kartoffel-Apfel-Brei verteilen. Das Bratfett darübergießen und sofort servieren. *(Foto rechts)*

Gefüllte Kartoffeln

5 große Kartoffeln
100 g durchwachsener Speck, *fein würfeln*
1 Zwiebel, *fein würfeln*
1 Apfel (Prinz Albrecht), *fein würfeln*
1 Paprikaschote, *fein würfeln*
100 g Champignons, *in Scheiben schneiden*
100 g Käse, *reiben*
Salz
Pfeffer aus der Mühle

flache Auflaufform
Fett für die Form

Den Backofen auf 250 °C (Umluft 230 °C) vorheizen. Kartoffeln gründlich waschen und rundum mehrmals mit einer Gabel einstechen. Einzeln in Alufolie einwickeln und auf den Backrost legen. Im heißen Ofen (Mitte) 45 bis 50 Minuten backen. Herausnehmen, auswickeln, halbieren und auskühlen lassen. Die Backofenhitze auf 170 °C (Umluft 150 °C) reduzieren.

In einer Pfanne den Speck bei mittlerer Hitze auslassen. Zwiebel, Champignons, Apfel und Paprika dazugeben und alles leicht anbräunen. Salzen und pfeffern.

Die Kartoffeln bis auf ca. 1 cm Rand aushöhlen. Die Hälften mit der Mischung füllen und nebeneinander in die gefettete Form setzen. Mit Käse bestreuen und 10 Minuten überbacken.

Gedämpfter Kabeljau mit Tomaten-Apfel-Soße

4 Kabeljausteaks
2 EL Zitronensaft
500 g Fleischtomaten
250 g Äpfel (Gewürzluiken), *fein würfeln*
100 g eingelegte Paprikaschoten (aus dem Glas), *abtropfen lassen und klein schneiden*

2 EL Tomatenmark
1 EL Sojasauce
Salz, Pfeffer aus der Mühle, Zucker

Dämpfeinsatz
Öl zum Einfetten

Den Fisch abspülen, trocken tupfen, mit Zitronensaft beträufeln und salzen. Zum Marinieren abgedeckt ca. 20 Minuten in den Kühlschrank stellen.

Die Tomaten kreuzweise am Stielansatz einschneiden, kurz in kochendes Wasser legen, häuten, halbieren und entkernen. Das Fruchtfleisch klein schneiden und mit Apfelwürfeln, Paprikaschoten, Tomatenmark und Sojasauce mischen. In ein hohes Gefäß geben und pürieren. Alles mit Salz, Pfeffer und Zucker abschmecken. Kühl stellen.

Wenig Wasser in einem Topf mit Dämpfeinsatz zum Kochen bringen. Den Boden des Dämpfeinsatzes mit Öl einpinseln. Den marinierten Kabeljau hineinlegen und in den Topf über das kochende Wasser stellen. Zugedeckt bei mittlerer Hitze etwa 3 bis 5 Minuten von jeder Seite dämpfen. Zusammen mit der Tomaten-Apfel-Soße servieren. *(Foto rechts)*

Gefüllte Gurken

2 Salatgurken
250 g Fischfilet, *würfeln*
250 g Apfel (Borsdorfer), *würfeln*
Saft einer ½ Zitrone
2 Eiweiß

Cayennepfeffer
Salz
125 ml Fischfond
2 EL Crème Fraîche
Dill, *fein hacken*

Die Gurken längs schälen, sodass kleine Streifen stehen bleiben. Der Länge nach halbieren und die Kerne mit einem Löffel herausschaben.

Fisch und Apfel mit Zitronensaft in ein hohes Gefäß geben und pürieren. Mit Cayennepfeffer und Salz würzen. Eiweiß steif schlagen und unterheben.

Die Gurkenhälften innen salzen und mit der Fisch-Apfel-Masse füllen. Den Fischfond in einem großen flachen Topf erhitzen, die Gurken hineinsetzen und zugedeckt ca. 10 Minuten bei mittlerer Hitze dünsten. Herausnehmen und warm halten. Die Crème Fraîche mit Fischfond zu einer Soße verrühren und zu den Gurken servieren. Mit Dill bestreuen.

Lachs auf Schmorgurke

2 EL Rapsöl
1 Zwiebel, *fein würfeln*
400 g Schmorgurken,
halbieren, entkernen, fein würfeln
1 EL Mehl
100 ml Gemüsebrühe
250 g Äpfel (Gelber Richard), *würfeln*
200 g süße Sahne
Salz, Pfeffer aus der Mühle
600 g Lachsfilet

1 EL Rapsöl in einer großen Pfanne erhitzen. Zwiebel und Gurke darin andünsten bis sie glasig sind. Mit 1 EL Mehl bestäuben und die Brühe zugießen. Die Äpfel hinzufügen, abgedeckt ca. 10 Minuten garen. Mit Sahne aufgießen, mit Salz und Pfeffer abschmecken.

Das Fischfilet abspülen, trocken tupfen, salzen und im restlichen Öl ca. 7 Minuten braten. Die Schmorgurken mit dem gebratenen Lachs servieren. *(Foto auf Seite 6)*

Gefüllte Auberginen

2 mittelgroße Auberginen
Salz, Pfeffer aus der Mühle
1 Zwiebel, *fein würfeln*
200 g Äpfel (Roter Eiserapfel), *fein würfeln*
200 g Nordseekrabben
1 EL Öl
1 TL Currypulver
200 g süße Sahne
100 g Joghurt
200 g frisch geriebener Käse

große flache Auflaufform
Fett für die Form

Von den Auberginen die Stielansätze entfernen und halbieren. Die Hälften mit einem Löffel bis auf ca. 1 cm Rand aushöhlen. Das Auberginenfleisch würfeln. Die Hälften in kochendem Salzwasser ca. 1 Minute blanchieren und mit kaltem Wasser abschrecken.

Das gewürfelte Auberginenfleisch mit Zwiebel, Apfel und Krabben im Öl anbraten. Das Currypulver darüberstäuben, Sahne zugießen und offen etwa zur Hälfte einkochen lassen. Vom Herd nehmen, etwas abkühlen lassen. Dann den Joghurt unterrühren und mit Salz und Pfeffer würzen.

Den Backofen auf 160 °C (Umluft 140 °C) vorheizen. Die Auberginen mit der Krabbenmasse füllen und in die gefettete Auflaufform legen. Mit Käse bestreuen und ca. 20 Minuten garen.

Fischspieße

600 g Lachsfilet
400 g Seeteufelfilet
1 Paprikaschote,
in 2 cm große Stücke schneiden
1 Zucchini, *in Scheiben schneiden*
2 Äpfel (Hilde),
vierteln und in Schnitze schneiden

1 EL Öl
Salz, Pfeffer aus der Mühle
100 g Sahne
½ Bund Frühlingszwiebeln,
in feine Ringe schneiden

lange Holzspieße

Die Fischfilets abspülen, trocken tupfen und in 2 cm große Stücke schneiden. Fisch abwechselnd mit Gemüse und Apfel auf die Spieße stecken. Das Öl in einer Grillpfanne erhitzen und die Fischspieße hineinlegen, 7 bis 10 Minuten rundum braten, salzen und pfeffern.

Die Sahne mit Salz und Pfeffer abschmecken und die Frühlingszwiebeln unterheben. Als Soße zu den Spießen reichen.

Rotbarsch auf Ratatouille

1 EL Olivenöl
1 Knoblauchzehe, *fein würfeln*
100 g Zwiebel, *fein würfeln*
1 Paprikaschote, *fein würfeln*
300 g Äpfel (Herzog von Cumberland),
fein würfeln
300 g Tomaten, *würfeln*
300 g Zucchini, *fein würfeln*
Salz, Pfeffer aus der Mühle

1 EL Tomatenmark
1 TL getrocknete Kräuter der Provence
1 kg Rotbarsch oder Rotbarschfilet
2 EL Rapsöl
2 Stängel frischer Rosmarin,
Blättchen abzupfen

flache Auflaufform
Fett für die Form

Olivenöl in einem Topf erhitzen. Knoblauch und Zwiebeln darin glasig andünsten. Paprika, Äpfel, Tomaten und Zucchini zugeben und kurz mitbraten, salzen und pfeffern. Tomatenmark und Kräuter unterrühren. Alles zugedeckt bei mittlerer Hitze ca. 15 Minuten köcheln lassen bis das Gemüse bissfest ist.

Den Backofen auf 180 °C (Umluft 160 °C) vorheizen. Den Fisch abspülen, trocken tupfen und leicht salzen. Die Auflaufform einfetten. Das Rapsöl mit den Rosmarinblättchen verrühren und den Fisch damit bepinseln. In die Aufflaufform legen und im heißen Backofen (Mitte) ca. 20 Minuten garen. Mit der Ratatouille servieren.

Backfisch auf Apfel-Zwiebel-Gemüse

600 g Fischfilet (z. B. Seelachs)
Salz
Pfeffer aus der Mühle
Saft einer ½ Zitrone
1 Ei Größe M
100 g Mehl
4 Zwiebeln, *in Ringe schneiden*
1 EL Rapsöl
400 g Äpfel (Boskoop), *würfeln*
Rapsöl

Die Fischfilets waschen, trocknen, salzen, pfeffern und mit Zitronensaft beträufeln. Ei mit Mehl, Salz und 100 ml Wasser zu einem glatten Teig verrühren, ca. 10 Minuten quellen lassen.

Die Zwiebelringe im Rapsöl goldbraun anbraten. Apfelwürfel zugeben und weitere 5 bis 8 Minuten dünsten bis Zwiebeln und Apfelstücke gar sind. Salzen und pfeffern, warm halten.

Öl in einer großen Pfanne erhitzen. Die Fischfilets nacheinander in den Teig tauchen, etwas abstreifen und vorsichtig in das heiße Öl legen. Die Filets bei mittlerer Hitze von jeder Seite etwa 3 Minuten braten. Dann bei schwacher Hitze 4 Minuten weitergaren. Dabei gelegentlich wenden. Den Fisch auf dem Gemüse anrichten.

Fischauflauf mit Weißkohl

600 g Lengfischfilet
Saft einer ½ Zitrone
Pfeffer aus der Mühle
Salz
2 EL Butter
1 große Zwiebel, in Ringe schneiden
250 g Weißkohl, *in feine Streifen schneiden*
250 g Äpfel (Jakob Lebel), *raspeln*
2 EL Apfelessig
¼ TL Kümmelsamen
Schnittlauch, *fein schneiden*

Auflaufform
Fett für die Form

Die Fischfilets abspülen und trocken tupfen, mit Zitronensaft beträufeln, salzen und pfeffern. Zugedeckt kalt stellen.

Die Butter in einer Pfanne schmelzen. Die Zwiebel darin glasig andünsten. Weißkohl und Kümmel zugeben und zugedeckt 15 Minuten bissfest garen. Geraspelte Äpfel hinzufügen. Die Mischung mit Salz, Pfeffer und Apfelessig würzen.

Den Backofen auf 200 °C (Umluft 180 °C) vorheizen. Eine Aufflaufform einfetten. Die Weißkohl-Apfel-Mischung hineingeben, Fischfilets darauflegen. Den Auflauf im Backofen (Mitte) ca. 10 Minuten garen. Mit Schnittlauch bestreuen. *(Foto rechts)*

Apfelpizza

FÜR DEN TEIG
275 g Weizenvollkornmehl
2 TL Backpulver
½ TL Salz, Pfeffer aus der Mühle
getrockneter Majoran
1 Ei Größe M
250 ml Milch
65 ml Öl

FÜR DEN BELAG
2 Chicorée, *in Streifen schneiden*
2 Tomaten, *würfeln*
1 Paprikaschote, *würfeln*
2 Äpfel (Herbstrenette), *würfeln*
150 g frisch geriebenen Gouda oder
150 g Mozzarella,
in dünne Scheiben schneiden
150 g Frühlingszwiebeln,
in feine Ringe schneiden

Mehl mit Backpulver, Salz, Pfeffer und Majoran in einer Schüssel mischen. Ei, Milch und Öl nach und nach zugeben. Alles zu einem geschmeidigen Teig kneten und ruhen lassen.

Den Backofen auf 180 °C (Umluft 160 °C) vorheizen. Das Backblech einfetten oder mit Backpapier belegen. Den Teig ausrollen, auf das Blech legen und mit Chicorée, Tomaten, Paprika und Äpfeln belegen. Käse darüberverteilen und die Pizza ca. 25 bis 30 Minuten backen. Aus dem Ofen nehmen, mit Frühlingszwiebeln bestreuen und sofort servieren. *(Foto rechts)*

Kürbis-Ratatouille

1 EL Olivenöl
2 Zwiebeln, *würfeln*
1 Knoblauchzehe, *würfeln*
1 Möhre, *der Länge nach vierteln und in 1 cm große Stücke schneiden*
1 Paprikaschote, *würfeln*
1 kleiner Hokkaido,
in ca. 1,5 cm große Würfel schneiden
200 g Pilze, *halbieren oder vierteln*
2 Äpfel (Ausbacher Roter), *achteln und in 1 cm große Stücke schneiden*
je 2–3 Stängel Majoran und Thymian,
Blättchen abzupfen
2 Tomaten, *würfeln*
300 ml Wasser
Salz, Pfeffer aus der Mühle
2 Stängel Basilikum,
in feine Streifen schneiden

Das Olivenöl in einer Pfanne erhitzen. Die Zwiebeln 4 bis 5 Minuten darin anbraten, nach 3 Minuten Knoblauch zufügen.

Möhren-, Paprika- und Kürbisstücke zugeben und unter Rühren kurz mitbraten. Dann Pilze, Apfelstücke sowie Majoran- und Thymianblättchen zugeben und weitere 3 bis 4 Minuten braten.

Tomatenwürfel und Wasser zugeben, zugedeckt bei schwacher Hitze 10 bis 15 Minuten schmoren. Salzen und pfeffern, mit Basilikumstreifen bestreuen.

Pfannkuchentorte mit Ziegenkäse

FÜR DIE PFANNKUCHEN
200 g Mehl
200 ml Milch
5 Eier Größe M
Salz, Pfeffer aus der Mühle
2 EL Rapsöl

runde Auflaufform in
der Größe der Pfannkuchen
Fett für die Form

FÜR DIE FÜLLUNG
1 Zwiebel, *würfeln*
1 kg Äpfel (Ausbacher Roter),
schälen und fein würfeln
2 Tomaten, *würfeln*
6 eingelegte Peperoni, *klein schneiden*
200 ml Gemüsebrühe
250 g halbfester Ziegenkäse

Mehl, Milch, Eier, Salz und Pfeffer mit einem Handrührgerät zu einem dünnflüssigen Pfannkuchenteig verschlagen. Den Teig 15 Minuten ruhen lassen. 1 EL Rapsöl in einer Pfanne erhitzen und darin nacheinander bei mittlerer Hitze 6 bis 8 Pfannkuchen backen.

Übriges Öl erhitzen. Die Zwiebel darin glasig andünsten. Äpfel, Tomaten und Peperoni zufügen. Mit der Brühe ablöschen. Bei kleiner Hitze offen etwas einkochen lassen. Dann 200 g Ziegenkäse unterrühren, mit Salz und Pfeffer abschmecken.

Den Backofen auf 160 °C (Umluft 140 °C) vorheizen. Die Auflaufform einfetten, einen Pfannkuchen hineinlegen und etwas Apfel-Käse-Mischung darauf verteilen. Abwechselnd Pfannkuchen und Apfelmischung einfüllen, mit einem Pfannkuchen abschließen. Restlichen Käse darüberstreuen und die Torte ca. 10 Minuten backen. *(Foto rechts)*

Apfelrisotto

4 Äpfel (Kaiser Wilhelm),
schälen und fein würfeln
200 ml Wein
100 ml Apfelsaft
2 EL Butterschmalz
250 g Langkornreis

2 Zwiebeln, *fein würfeln*
1 Knoblauchzehe, *fein würfeln*
½ l Gemüsebrühe
3 El Sahne
Salz, Pfeffer aus der Mühle
2 El frisch geriebener Parmesan

Die Apfelwürfel 10 bis 15 Minuten in der Mischung aus Wein und Apfelsaft marinieren. Inzwischen das Butterschmalz in einem Topf schmelzen. Den Reis darin glasig andünsten. Zwiebeln und Knoblauch zugeben und unter Rühren kurz mitdünsten. Die Apfelwürfel hinzufügen und weitere 2 bis 3 Minuten mitdünsten.

Die Brühe zugießen, umrühren und zugedeckt 15 Minuten bei kleiner Hitze köcheln lassen. Die Sahne unterrühren, salzen und pfeffern. Vor dem Servieren mit Parmesan bestreuen.

Apfel-Zwiebel-Gratin

1 El brauner Zucker
gemahlener Zimt
500 g Äpfel (Borsdorfer),
schälen und in dicke Scheiben schneiden
Saft einer Zitrone
500 g Zwiebeln, *in dünne Ringe schneiden*
Salz, Pfeffer aus der Mühle

2 EL Crème Fraîche
4 EL süße Sahne
1 Tasse Semmelbrösel
4 EL Butter

Auflaufform
Fett für die Form

Den Backofen auf 200 °C (Umluft 180 °C) vorheizen. Die Auflaufform einfetten. Zucker und Zimt in einem tiefen Teller mischen. Die Apfelscheiben mit Zitronensaft beträufeln und in der Zucker-Zimt-Mischung wenden.

Die Zwiebelringe salzen und pfeffern. Äpfel und Zwiebeln lagenweise abwechselnd in die Form schichten. Mit einer Lage Apfelscheiben abschließen.

Crème Fraîche mit Sahne glatt rühren und über die Apfelscheiben gießen. Nach 45 Minuten Backzeit Semmelbrösel und Butterflöckchen auf dem Auflauf verteilen und weitere 15 Minuten backen.

Blumenkohl-Apfel-Curry

1 Zwiebel, *fein würfeln*
1 Knoblauchzehe, *fein würfeln*
2 El Öl
2 TL Currypulver
Salz, Pfeffer aus der Mühle

1 Blumenkohl, *in Röschen teilen*
2 Äpfel (Boskoop), *würfeln*
200 ml Apfelwein
100 g Joghurt

Zwiebel und Knoblauch im heißen Öl glasig braten, Gewürze zugeben. Blumenkohlröschen und Apfelwürfel hinzufügen und unter Rühren 2 bis 3 Minuten anbraten. Mit Apfelwein ablöschen und zugedeckt ca. 10 Minuten dünsten. Vom Herd nehmen, leicht abkühlen lassen und den Joghurt unterrühren. Passt auch gut zu Fisch. *(Foto rechts)*

Apfelquiche

450 g TK-Blätterteig, aufgetaut
50 g durchwachsener Speck, *fein würfeln*
1 Zwiebel, *fein würfeln*
350 g Champignons, *in Scheiben schneiden*
100 ml Weißwein
¼ Bund Petersilie, *fein schneiden*
400 g frischer Spinat
1 Knoblauchzehe, *fein würfeln*
1 TL Olivenöl
Salz
Pfeffer aus der Mühle
250 g Äpfel (Prinz Albrecht), *fein würfeln*
2 Eier Größe M
125 g Crème Fraîche
frisch geriebene Muskatnuss

Quicheform (26 cm Durchmesser)
Fett für die Form

Den Backofen auf 160 °C (Umluft 140 °C) vorheizen. Die Teigplatten aufeinander legen und auf wenig Mehl in der Größe der Form dünn ausrollen. Die Form damit auskleiden und ca. 20 Minuten vorbacken.

Den Speck in einer Pfanne kross anbraten. Zwiebel und Champignons zufügen und ca. 5 Minuten mitbraten. Mit Weißwein ablöschen und offen ca. 5 Minuten einkochen lassen. Die Hälfte der Petersilie unterrühren.

Den Spinat waschen, eventuell harte Stiele entfernen. Knoblauch im Olivenöl anbraten. Spinat tropfnass zum Knoblauch geben und unter Rühren zusammenfallen lassen. Mit Salz und Pfeffer würzen. Apfelwürfel und Pilzmasse mit dem Spinat vermengen. Die Spinat-Pilz-Mischung auf den vorgebackenen Blätterteig geben.

Die Eier mit der Crème Fraîche verquirlen, mit Salz und Muskatnuss abschmecken. Übrige Petersilie unterrühren. Die Eiermasse über die Spinatfüllung geben und die Quiche ca. 20 Minuten backen. *(Foto auf Seite 34)*

Fenchel mit Apfel

300 g Hähnchenbrustfilet, *in Streifen schneiden*
1 EL Öl
3 Fenchelknollen, *würfeln*
200 g Möhren, *würfeln*
2 Stangen Staudensellerie, *würfeln*
200 g Porree, *in Ringe schneiden*
400 g Kartoffeln, *würfeln*
1 Apfel, *würfeln*
1 l Gemüsebrühe
Salz
Pfeffer aus der Mühle

Das Fleisch portionsweise je 4 bis 5 Minuten im heißen Öl anbraten. Gemüse-, Kartoffel- und Apfelstücke zufügen, weitere 3 bis 4 Minuten unter Rühren braten. Die Brühe zugießen, aufkochen und bei mittlerer Hitze etwa 30 Minuten gar kochen. Mit Salz und Pfeffer abschmecken.

Nudelauflauf mit Schinken

1 EL Öl
2 Stangen Porree, *in Ringe schneiden*
3 Äpfel (Kaiser Wilhelm), *fein würfeln*
300 g gekochter Schinken, *würfeln*
500 g gekochte Nudeln
200 g Magerquark
200 g süße Sahne

6 Eier Größe M
Salz
Pfeffer aus der Mühle
250 g frisch geriebener Käse

Auflaufform
Fett für die Form

Öl in einer Pfanne erhitzen. Porree und Äpfel darin ca. 3 Minuten andünsten, salzen und pfeffern. Mit Schinkenwürfeln und den gekochten Nudeln mischen.

Den Backofen auf 160 °C (Umluft 140 °C) vorheizen. Die Auflaufform fetten und die Nudel-Gemüse-Mischung einfüllen.

Quark, Sahne und Eier mit dem Handrührgerät miteinander verschlagen, salzen und pfeffern. Die Eiermasse über die Nudelmasse gießen. Mit geriebenem Käse bestreuen und den Auflauf 20 bis 30 Minuten backen.

Gefüllte Kohlrabi

4 Kohlrabi
300 g gemischtes Hackfleisch
1 Ei Größe M
2 Scheiben Toastbrot
2 Zwiebeln, *fein würfeln*
½ Bund Petersilie, *fein schneiden*

2 Tomaten, *fein würfeln*
2 Äpfel (Boskoop), *fein würfeln*
Salz, Pfeffer aus der Mühle

flache Auflaufform
Fett für die Form

Den Backofen auf 160 °C (Umluft 140 °C) vorheizen. Kohlrabi schälen, oben einen Deckel abschneiden und beiseite legen. Kohlrabi mit einem Kugelausstecher bis auf einen 2 cm Rand aushöhlen und 5 bis 8 Minuten in kochendem Salzwasser blanchieren. Herausheben und abtropfen lassen.

Toastbrot in wenig kaltem Wasser einweichen. Hackfleisch mit Ei, Zwiebeln, Petersilie und ausgedrücktem Toastbrot verkneten. Tomaten- und Apfelwürfel mischen und unter die Hackmasse mengen. Mit Salz und Pfeffer würzen. Die Hackmasse in die Kohlrabi füllen und nebeneinander in die gefettete Auflaufform setzen, ca. 40 Minuten backen.

Hack-Gemüse-Auflauf

300 g Kartoffeln, *würfeln*
Salz
500 g gemischtes Hackfleisch
200 g Magerquark
Pfeffer aus der Mühle
3 Äpfel (Borsdorfer), *würfeln*
2 Tomaten, *würfeln*
1 Paprikaschote, *würfeln*

100 g Champignons, *in Scheiben schneiden*
200 g saure Sahne
2 Eier
frisch geriebene Muskatnuss

Auflaufform
Fett für die Form

Die Kartoffeln in wenig Salzwasser etwa 10 Minuten kochen. Hackfleisch und Quark vermengen, salzen und pfeffern. In die gefettete Auflaufform streichen.

Kartoffeln abgießen und mit Äpfeln, Tomaten, Paprika und Champignons mischen. Auf der Hackfleischmasse verteilen. Den Backofen auf 160 °C (Umluft 140 °C) vorheizen.

Die saure Sahne mit den Eiern verquirlen, salzen, pfeffern und mit geriebener Muskatnuss würzen. Über den Auflauf gießen und 30 bis 40 Minuten backen. *(Foto rechts)*

Spätzle mit Puten-Gemüse-Ragout

1 EL Öl
300 g Putenfleisch, *in Streifen schneiden*
1 Zwiebel, *würfeln*
300 g Tomaten, *würfeln*
300 g Äpfel (Gewürzluiken), *fein würfeln*

2 Stangen Staudensellerie, *in Scheiben schneiden*
1 EL Mehl
1 l Gemüsebrühe
Salz, Pfeffer aus der Mühle
300 g Spätzle aus dem Kühlregal

Öl in einer Pfanne erhitzen und das Fleisch portionsweise darin jeweils ca. 5 Minuten rundum anbraten. Die Zwiebel zugeben und glasig braten. Tomaten, Äpfel und Sellerie zufügen, mit 1 EL Mehl bestäuben und das Gemüse rundum 2 bis 3 Minuten anbraten.

Die Brühe angießen, kurz aufkochen und alles bei milder Hitze 30 Minuten gar ziehen lassen. Dann salzen und pfeffern.

Inzwischen die Spätzle nach Packungsanweisung bissfest garen. Abgießen und mit dem Puten-Gemüse-Ragout mischen.

Spitzkohlpfanne mit Speck

400 g durchwachsener Speck, *würfeln*
1 kleines Glas eingelegte Paprikaschoten (Abtropfgewicht 200 g), *würfeln*
1 Spitzkohl, *klein schneiden*
400 g Kartoffeln, *würfeln*
300 g Äpfel (Hilde), *würfeln*
3 Stiele frischer Thymian, *Blättchen abzupfen*
125 ml Gemüsebrühe
Salz, Pfeffer aus der Mühle

Speck in einer Pfanne kross anbraten. Die eingelegten Paprika und den Kohl zugeben und 15 Minuten mitbraten. Dann Kartoffeln, Äpfel und Thymianblättchen zugeben. Mit der Brühe ablöschen und zugedeckt etwa 10 Minuten köcheln lassen bis das Gemüse gar ist. Mit Salz und Pfeffer abschmecken.

Geschmorter Radicchio

200 g durchwachsener Speck, *würfeln*
1 Zwiebel, *fein würfeln*
2 EL Olivenöl
2 Äpfel (Jakob Lebel), *in schmale Spalten schneiden*
1 kg Radicchio, *halbieren oder vierteln*
Salz, Pfeffer aus der Mühle

Speck- und Zwiebelwürfel in einer hohen großen Pfanne im Öl 3 Minuten anbraten. Die Apfelwürfel hinzugeben, kurz mitbraten. Die Radicchiostücke hineinlegen und bei schwacher Hitze 15 Minuten weich schmoren, dabei gelegentlich umrühren (wenn Sie den Radicchio knusprig mögen, braten Sie bei offener Pfanne. Liegt der Deckel auf, wird der Kohl weicher). Salzen und pfeffern. Passt gut zu Kurzgebratenem. *(Foto rechts)*

Grüne Bohnensuppe mit Äpfeln

500 g mageres Rindfleisch, *würfeln*
800 ml Wasser
250 g Möhren, *in Scheiben schneiden*
150 g Knollensellerie, *würfeln*
150 g Porree, *in Ringe schneiden*
300 g Kartoffeln, *würfeln*
½ Bund Bohnenkraut, *zusammenbinden*
400 g grüne Bohnen, *klein schneiden*
100 g geräucherter Speck, *fein würfeln*
300 g Äpfel (Jakob Lebel), *schälen und würfeln*
Salz, Pfeffer aus der Mühle

Das Fleisch ins Wasser geben, aufkochen und zugedeckt bei mittlerer Hitze ca. 1 ¾ Stunden garen. Dann Gemüse, Kartoffelwürfel und Bohnenkraut zufügen und weitere 15 Minuten bei kleiner Hitze garen, nach 5 Minuten die grünen Bohnen zugeben. Inzwischen den Speck in einer heißen Pfanne knusprig braten, die Apfelwürfel hinzufügen und kurz mitdünsten. Zur Suppe geben, mit Salz und Pfeffer abschmecken.

Apfel-Möhren-Curry in Kokossoße

3 EL Öl
2 TL Currypulver
1 Schalotte, *fein würfeln*
800 g Möhren, *in Scheiben schneiden*
400 g Äpfel (Prinz Albrecht), *schälen und achteln*
2 EL Mehl
350 ml Hühnerbrühe
80 ml Kokosmilch
20 g Kokosraspeln

Das Öl in einer Pfanne erhitzen. Das Currypulver darin 1 bis 2 Minuten unter Rühren anrösten. Die Schalotte zugeben, glasig anbraten. Dann Möhren und Äpfel hinzufügen und rundum 2 bis 3 Minuten anbraten. Das Mehl darüberstäuben, unterrühren. Brühe und Kokosmilch zugießen, aufkochen und alles bei milder Hitze zugedeckt 10 bis 15 Minuten köcheln lassen bis das Gemüse gar ist. Mit Kokosraspeln bestreut servieren.

Rotkohl-Rouladen

1 EL Öl
3 Zwiebeln, *fein würfeln*
150 g Champignons, *fein würfeln*
250 g Äpfel (Herbstrenette), *fein würfeln*
1 Kopf Rotkohl
Salz
500 g gemischtes Hackfleisch
Pfeffer aus der Mühle
gemahlener Kümmel

Bräter
Fett für die Form

Das Öl in einer Pfanne erhitzen, die Zwiebeln darin glasig dünsten. Champignons und Äpfel dazugeben, 5 Minuten mitdünsten. Vom Herd nehmen und abkühlen lassen.

Vom Rotkohl die äußeren Blätter ablösen. Strunk keilförmig herausschneiden. Den Kohl in kochendes Salzwasser geben und kochen, bis sich die äußeren Blätter ablösen lassen. Den Backofen auf 180 °C (Umluft 160 °C) vorheizen.

Das Hackfleisch mit der Zwiebel-Apfel-Mischung gut vermengen, mit Salz, Pfeffer und gemahlenem Kümmel abschmecken.

8 bis 12 Kohlblätter ablösen, trocken tupfen und Blattrippen flach schneiden. Je nach Größe 2 bis 3 Blätter übereinander legen. Die Hackmasse darauf verteilen, Blätter seitlich einschlagen und aufrollen. Bei Bedarf mit Küchengarn zusammenbinden.

Den Bräter einfetten und die Rouladen mit der offenen Seite nach unten hineinlegen, ca. 50 Minuten garen. *(Foto rechts)*

Nachtisch

Die Rezepte sind für 4 Personen berechnet. Ausnahmen sind angegeben.

Kaiserschmarrn mit Apfelkompott

von Vincent Klink

FÜR 2 PERSONEN

FÜR DAS KOMPOTT
½ unbehandelte Zitrone,
mit Schale in Scheiben schneiden
125 ml Apfelsaft
1 Zimtstange
1 EL Zucker
3 Äpfel (Boskoop),
schälen und in Spalten schneiden
½ TL Speisestärke
1 – 2 EL Preiselbeeren aus dem Glas

FÜR DEN TEIG
250 ml Milch
250 g Mehl
Salz
3 Eier, *trennen*
100 g süße Sahne
1 TL flüssige Butter
25 g (2 EL) Zucker
3 EL Butter
Puderzucker
30 g Mandelblättchen
1 EL Rosinen

Zitronenscheiben mit Apfelsaft, Zimtstange, Zucker und Apfelspalten in einen Topf geben, aufkochen und ca. 5 Minuten köcheln lassen. Zitrone und Zimtstange entfernen.

Speisestärke mit 1 EL Wasser verrühren, zum kochenden Apfelkompott geben. Bei mittlerer Hitze 2 bis 3 Minuten kochen lassen. Vom Herd nehmen und die Preiselbeeren unterrühren.

Milch mit Mehl und Salz in einer Schüssel mischen. Eigelbe verquirlen und unter die Milch-Mehl-Mischung rühren. Sahne, 1 TL flüssige Butter und Zucker untermischen. Die Eiweiße steif schlagen, unter den Teig heben.

2 EL Butter in einer Pfanne erhitzen. Den Teig hineingießen und bei mittlerer Hitze auf der Unterseite goldbraun backen. Den Pfannkuchen wenden, restliche Butter zugeben und auf der anderen Seite backen. Dann mit zwei Gabeln in Stücke reißen, etwas Puderzucker darüberstäuben und unter Wenden rundum kurz braten.

Die Mandelblättchen in einer zweiten Pfanne ohne Fett rösten, mit den Rosinen unter den Schmarrn mischen. Mit Puderzucker bestäuben und mit dem Apfelkompott servieren.

Dieses Rezept (wie auch das auf Seite 72) bekam ich von Vincent Klink, dem multitalentierten Betreiber des Stuttgarter Restaurants „Wielandhöhe“, mit dem zusammen ich mehrfach im ARD-Buffet in Baden-Baden auftreten durfte.

Apfel-Quarkspeise

400 g Magerquark
80 ml Milch
1 EL Apfelsaft
15 g Zucker
300 g Äpfel (Kaiser Wilhelm),
schälen und fein würfeln
1 EL Zitronensaft

Quark mit Milch und Apfelsaft glatt rühren. Den Zucker zugeben. Die gewürfelten Äpfel mit dem Zitronensaft beträufeln, gut durchmischen und unter die Quarkmasse heben. In vier Schälchen verteilen und gut gekühlt servieren.

Apfelgrütze

4 Blatt Gelatine
1 EL Butter
350 g Äpfel (Borsdorfer),
schälen und fein würfeln
40 g Zucker
gemahlener Zimt
400 ml Apfelsaft
100 g süße Sahne
30 g Zucker

Gelatine nach Packungsanweisung einweichen. Butter in einer Pfanne schmelzen, die Apfelwürfel darin 3 bis 4 Minuten andünsten. Zucker mit Zimt mischen, einstreuen und die Äpfel unter Rühren karamellisieren. Den Apfelsaft langsam zugießen und alles erhitzen.

Die ausgedrückte Gelatine in die heiße Flüssigkeit einrühren. Die Apfelgrütze in vier Schälchen füllen, abkühlen lassen und in den Kühlschrank stellen. Sahne mit Zucker steif schlagen und die Apfelgrütze vor dem Servieren damit garnieren. Etwas Zimt darüberstäuben. *(Foto rechts unten)*

Apfelragout

2 Blatt Gelatine
½ Vanilleschote
200 ml Apfelsaft
1 EL Zucker
1 Zimtstange
2 Äpfel (Kaiser Wilhelm), *fein würfeln*

Gelatine nach Packungsanweisung einweichen. Vanilleschote längs halbieren und das Mark herauskratzen. In einem kleinen Topf den Apfelsaft mit Zucker, Zimtstange, Vanillemark und -schote bei milder Hitze langsam aufkochen. Die Apfelwürfel hinzufügen und 3 bis 4 Minuten bissfest garen, Zimtstange und Vanilleschote entfernen. Die Gelatine ausdrücken und in die heiße Flüssigkeit einrühren und darin auflösen. Das Ragout in eine große Schale füllen, abkühlen lassen und zum Festwerden in den Kühlschrank stellen. *(Foto rechts oben)*

Beschwipste Bratäpfel von Georg Schenk

FÜR 6 PERSONEN

65 g Sultaninen
350 ml Rotwein
frisch geriebene Muskatnuss
gemahlener Zimt
60 g Zucker
abgeriebene Zitronenschale
6 gleich große Äpfel (Gewürzluiken)
3 EL Butter

flache Auflaufform
Fett für die Form

Sultaninen mit Wein, Muskatnuss, Zimt, Zucker und Zitronenschale 1 Stunde durchziehen lassen. Den Backofen auf 190 °C (Umluft 170 °C) vorheizen.

Die Äpfel ungeschält mit einem Apfelausstecher vom Kerngehäuse befreien, dabei nicht durchstechen.

Sultaninen aus dem Wein nehmen, den Wein aufbewahren. Die Sultaninen in die ausgehöhlten Äpfel füllen, mit je 1 bis 2 TL Wein-Gewürz-Marinade auffüllen und mit Butterflöckchen belegen.

Die Auflaufform einfetten und die gefüllten Äpfel in die Form setzen, den Wein angießen. Die Äpfel ca. 40 bis 50 Minuten backen und heiß servieren. *(Foto rechts)*

Süße Apfelrösti von Georg Schenk

50 g Rosinen
100 g Butter
250 g trockenes Brot,
in dünne Scheiben schneiden
5–6 mittelgroße Äpfel (Ausbacher Roter),
in dünne Spalten schneiden
100 g Zucker
100 ml Apfelsaft oder Apfelwein
gemahlener Zimt

Die Rosinen mit lauwarmem Wasser bedecken und einweichen. 50 g Butter in einer Pfanne schmelzen. Brot und Äpfel hineingeben und zugedeckt 10 Minuten dünsten.

Die übrige Butter nach und nach unterrühren. Mit dem Zucker bestreuen und die Apfel-Brot-Mischung karamellisieren.

Apfelsaft oder -wein langsam zugießen. Die eingeweichten Rosinen abgießen und unterrühren. Apfelrösti mit gemahlenem Zimt abschmecken.

Diese Rezepte überließ uns unser Dresdener Freund Georg Schenk, der Betreiber der Edeldestillerie „Augustus Rex".

Karamellisierte Äpfel *von Vincent Klink*

2 EL Butter
2 Äpfel (Gewürzluiken),
in dicke Spalten schneiden
2 EL Zucker
125 ml Apfelsaft
Zitronensaft
40 ml (4 cl) Apfelschnaps

Butter in einer Pfanne zerlassen. Apfelspalten bei mittlerer Hitze darin von beiden Seiten 3 bis 4 Minuten anbraten. Hitze reduzieren, den Zucker einstreuen und 1 bis 2 Minuten unter gelegentlichem Wenden weiterbraten, bis der Zucker geschmolzen ist und die Apfelstücke karamellisiert sind.

Den Apfelsaft zugießen und offen einkochen, bis ein zähflüssiger Sirup entstanden ist. Zitronensaft zugeben, erneut einkochen lassen. Dann den Schnaps zugeben und so lange erhitzen und die Pfanne schwenken bis der entstandene Sirup die Äpfel vollständig überzogen hat. Schmeckt auch sehr gut mit Vanilleeis und geschlagener Sahne.

Kehdinger Schichtdessert *von Käthe Meyer*

FÜR 6 BIS 8 PERSONEN

500 g Äpfel (Ausbacher Roter),
schälen und in grobe Stücke schneiden
500 g Kürbis, *würfeln*
abgeriebene Schale einer
unbehandelten Zitrone
1 Vanilleschote
100 g Zucker
¼ TL Zimt
Salz
gemahlener Ingwer
2 EL Obstbrand (Williams-Christ)
1 Scheibe trockenes Schwarzbrot
1 TL Zucker
200 g süße Sahne
1 EL Pistazien, *gehackt*

Äpfelstückchen mit etwas Wasser zu Apfelmus kochen. Den Kürbis mit dem Zucker und den Gewürzen zu Mus kochen und abschmecken. Apfelmus mit Kürbismus verrühren und mit Obstbrand abschmecken. Das Mus auf sechs bis acht Gläser verteilen.

Das Schwarzbrot grob zerbröseln und ohne Fett in einer Pfanne 4 Minuten anrösten. 1 TL Zucker einstreuen und die Brösel unter Rühren karamellisieren. Vom Herd nehmen, abkühlen lassen. Die Sahne steif schlagen und auf das Kürbis-Apfel-Mus geben. Mit Schwarzbrotbröseln und gehackten Pistazien bestreuen. *(Foto auf Seite 64)*

„Die Schwarzbrotschicht steht für das Kehdinger Moor, die gelbe Kürbis-Apfel-Schicht für die Rapsfelder der Marsch, die weiße Sahne für die Sandstrände an der Elbe und die grünen Pistazien für die Wiesen Kehdingens.“ Käthe Meyer, Kehdinger Landhotel

Apfel-Eis

500 ml Milch
1 Päckchen Vanillezucker
1 Messerspitze Zimt
2 EL Honig
7 Eigelb Größe M
100 g Zucker
250 ml Sahne
4 Äpfel (Berlepsch),
in 1,5 cm dicke Scheiben schneiden
Saft einer Zitrone
400 ml Apfelwein
4 EL Grenadinesirup

Milch mit Vanillezucker und Zimt aufkochen, danach 10 Minuten ziehen lassen. Den Honig unterrühren. Eigelb mit Zucker verrühren bis es cremig wird, unter die warme Milch ziehen, schaumig aufschlagen und abkühlen lassen.

Die Sahne steif schlagen und unterheben. Das Ganze in eine flachen Schale 5 bis 10 Minuten ins Gefrierfach geben.

Das Gehäuse aus den Äpfeln herausstechen. Die Äpfel in 1,5 cm dicke Scheiben schneiden und mit Zitronensaft beträufeln. Wein und Sirup mischen und die Äpfel etwa 5 Minuten darin kochen, abkühlen lassen.

Das Eis in 4 Portionen aufteilen, die Äpfel darauf verteilen und mit dem Wein-Sirup beträufeln.

Pfannkuchen mit Apfelkompott

FÜR DAS KOMPOTT
500 g Äpfel (Herzog von Cumberland), *würfeln*
1 Messerspitze Zimt
1 Sternanis
50 g Zucker
200 ml Apfelsaft

FÜR DIE PFANNKUCHEN
120 g Vollkornmehl
Salz
125 ml Milch
125 ml Wasser
1 Ei Größe M
2 EL Öl

Apfelwürfel mit Zimt, Anis und Zucker etwa 5 Minuten in dem Apfelsaft kochen.

Das Mehl mit Salz, Milch, Wasser und dem Ei zu einem glatten Teig verrühren und ca. 30 Minuten quellen lassen. Im heißen Öl zu 4 Pfannkuchen ausbacken und mit dem Kompott gefüllt servieren.

Kuchen

Appeltaart von Kathrin Funke-Bergsstra

FÜR DEN TEIG
350 g Mehl
½ TL Backpulver
200 g Zucker
1 Ei Größe M
Salz
200 g weiche Butter

FÜR DEN BELAG
200 g Rosinen
Rum (oder heißes Wasser)
2–3 EL Zimt
50 g Zucker
1,5 kg Äpfel (Hilde), *schälen und in grobe Stücke schneiden*
Zitronensaft
1 Eigelb zum Bestreichen

Springform (24 cm Durchmesser)
Fett für die Form

Die Rosinen mit Rum (oder heißem Wasser) bedecken und darin einweichen, am besten über Nacht.

Mehl mit Backpulver mischen und auf die Arbeitsfläche sieben. 200 g Zucker, das Ei und Salz dazugeben. Die Butter in Stückchen darauf verteilen. Alle Zutaten rasch zu einem Teig verkneten. In Frischhaltefolie einschlagen und im Kühlschrank 1 Stunde kühl stellen.

Zimt und 50 g Zucker mischen. Die Apfelstücke mit Zitronensaft beträufeln und mit dem Zimtzucker vermischen. Den Backofen auf 180 °C (Umluft 160 °C) vorheizen. Zwei Drittel des Teiges auf einer bemehlten Arbeitsfläche ausrollen. Die Form einfetten, Teig hineinlegen und einen etwa 3 cm hohen Rand formen. Den Boden mit einer Gabel mehrmals einstechen.

Rumrosinen abtropfen lassen und mit den Apfelstücken abwechselnd in die Form einschichten. Mit einer Schicht Apfelstücke abschließen.

Den restlichen Teig ausrollen und in ca. 1 cm breite Streifen schneiden. Die Streifen gitterartig auf die Apfelfüllung legen und mit dem verquirlten Eigelb bestreichen. Den Kuchen ca. 60 Minuten backen. Wenn die Teigstreifen zu dunkel werden, den Kuchen mit Alufolie bedecken. Am besten noch lauwarm servieren. Dazu passt geschlagene Sahne.

Käsekuchen mit karamellisierten Äpfeln

FÜR DEN TEIG
240 g Mehl
100 g Zucker
Salz
120 g kalte Butter

FÜR DIE FÜLLUNG
2 Eier Größe M, *trennen*
Salz
80 g Zucker
250 g Quark
50 g saure Sahne
1 TL abgeriebene Schale einer unbehandelten Orange
1 EL Speisestärke

FÜR DEN BELAG
40 g Butter
60 g Zucker
100 ml Apfelsaft
600 g Äpfel (Herbstrenette), *schälen und in schmale Spalten schneiden*

Springform (26 cm Durchmesser)
Fett für die Form

Das Mehl auf die Arbeitsfläche sieben, Zucker und Salz dazugeben. Die Butter in Stückchen darauf verteilen. Alle Zutaten schnell zu einem Teig verkneten. Ist der Teig zu trocken, teelöffelweise kaltes Wasser zufügen. In Frischhaltefolie einschlagen und im Kühlschrank 1 Stunde kühlen.

Den Backofen auf 180 °C (Umluft 160 °C) vorheizen. Den gekühlten Teig auf der bemehlten Arbeitsfläche ausrollen. Die Form einfetten, mit dem Teig auslegen, dabei einen 2 cm hohen Rand formen. Den Boden mit einer Gabel mehrmals einstechen. Im heißen Backofen (Mitte) 10 Minuten vorbacken.

Die Eiweiße mit 1 Prise Salz und 40 g Zucker fast steif schlagen. Eigelbe und 40 g Zucker mit den Schlagbesen des Handrührgeräts ca. 4 Minuten cremig rühren. Quark, saure Sahne und Orangenschale unterrühren. Den Eischnee daraufgeben, die Speisestärke darüberstäuben und unterheben. Die Quarkcreme auf dem vorgebackenen Teig verteilen und weitere 20 Minuten backen.

Butter erhitzen und den Zucker darin unter Rühren karamellisieren lassen. Den Apfelsaft zugeben und verrühren. Die Apfelspalten hineinlegen und 3 bis 5 Minuten garen, auf dem gebackenen Kuchen verteilen und abkühlen lassen.

Gefüllte Sirupmuffins mit Apfelsoße

FÜR DIE APFELSOSSE
100 g Butter
2–4 EL Zucker
7 kleine Äpfel (Jakob Lebel)
schälen und in Scheiben schneiden
1 Prise Salz
1 kleiner Apfel (Jakob Lebel)

FÜR DEN TEIG
125 g Butter
115 g brauner Zucker
4 EL Ahornsirup
1 Ei Größe L
250 g Mehl
1–2 TL Backpulver
½ TL gemahlener Zimt
150 ml Milch

12er Muffinsblech
Butter für die Form
Butter zum Servieren

Für die Apfelsoße die Butter mit dem Zucker erhitzen, den Zucker leicht karamellisieren lassen, Apfelscheiben und Salz zugeben und bei niedriger Temperatur ca. 6 bis 8 Minuten leise köcheln lassen, zur Seite stellen und abkühlen lassen.

Für den Teig die Butter mit Zucker und Sirup cremig schlagen und das Ei zugeben, so lange weiter schlagen bis die Masse schaumig ist. Mehl, Backpulver und Gewürze unterrühren, Milch zugeben, unterrühren. Wenn der Teig zu fest ist noch einige EL von der Apfelsoße zugeben. Den Ofen auf 190 °C (Umluft 170 °C) vorheizen.

Den übrigen Apfel mit einem Ausstecher entkernen und in 12 dünne Scheiben schneiden. Die Muffinsform gut einfetten, den Teig bis auf 12 TL auf die Vertiefungen verteilen. Jeweils in die Mitte der Muffins eine Vertiefung drücken und sofort einen abgetropften TL der Soße hineinfüllen. Darauf je 1 TL des restlichen Teigs geben und eine Apfelscheibe auf die Muffins legen. Nach 25 bis 35 Minuten Backzeit eine Garprobe machen, die Muffins noch ca. 5 bis 10 Minuten im Ofen ruhen lassen, dann vorsichtig aus der Form lösen. Auskühlen lassen und mit Butter und Apfelsoße servieren.

Vanille-Quark-Torte mit Apfel

FÜR DEN TEIG
200 g Mehl
Salz
½ TL Backpulver
2 EL Zucker
1 Eigelb Größe M
125 g Butter

FÜR DEN BELAG
700 g Äpfel (Jakob Lebel),
schälen und in Scheiben schneiden
2 EL Zitronensaft
60 g Rosinen
3 EL Rum
2 Eier Größe M, *trennen*
80 g Zucker
350 g Magerquark
1 Päckchen Vanille-Puddingpulver
125 g Crème Fraîche

Springform (28 cm Durchmesser)
Fett für die Form

Mehl mit Salz, Backpulver, Zucker, Eigelb und klein geschnittener Butter zu einem Teig verkneten. In Folie einwickeln und 1 Stunde im Kühlschrank ruhen lassen.

Den Ofen auf 200 °C (Umluft 180 °C) vorheizen, die Form mit Butter einfetten. Den Teig gleichmäßig auf dem Formboden verteilen und 10 Minuten backen.

Die Apfelscheiben mit dem Zitronensaft beträufeln. Die Rosinen mit Rum begießen. Eiweiß steif schlagen. Eigelb, Zucker, Quark, Puddingpulver und Crème Fraîche vermengen. Das Eiweiß unterheben. Die Creme auf den Teig gießen, Äpfel und Rosinen gleichmäßig darauflegen und den Kuchen 35 Minuten backen.

Apfel-Schoko-Kuchen

200 g Butter
150 g Zucker
1 Päckchen Vanillezucker
4 Eier Größe M
150 g Mehl
1 TL Backpulver
100 g Mandelsplitter
100 g Schokoraspeln
500 g Äpfel (Jakob Lebel), *fein würfeln*

Kastenform (30 cm Länge)
Fett für die Form

Den Backofen auf 160 °C (Umluft 140 °C) vorheizen. Die Backform einfetten. Butter, Zucker und Vanillezucker mit den Schlagbesen des Handrührgeräts 5 Minuten schaumig schlagen. Die Eier nach und nach zugeben. Mehl und Backpulver mischen und esslöffelweise unter die Teigmasse rühren. Mandeln, Schokoraspeln und Apfelwürfel unterheben. Den Teig in die gefettete Form füllen, glatt streichen. Im vorgeheizten Backofen (Mitte) 50 bis 60 Minuten backen. *(Foto rechts)*

Apfelkuchen mit Vanilleguss

von Uwe Borrosch

FÜR DEN TEIG
300 g Mehl
1 TL Backpulver
1 Ei Größe M
100 g Puderzucker
Salz
abgeriebene Schale von
1 unbehandelten Zitrone
200 g Butter

FÜR DEN BELAG
8 kleine Äpfel à ca. 140 g
(Holsteiner Cox oder Boskoop)
200 g Marzipan
eventuell Rumrosinen, Haselnüsse
oder Pistazien, *grob hacken*

FÜR DEN GUSS
1 Vanilleschote
2 Päckchen Vanille-Puddingpulver
1 Eigelb
1 l Sahne zum Kochen
100 g Zucker

Springform (26 cm Durchmesser)
Fett für die Form

Mehl und Backpulver mischen, auf die Arbeitsfläche sieben. Ei, Puderzucker, Salz und Zitronenschale dazugeben. Die Butter in kleinen Stückchen darauf verteilen. Alle Zutaten rasch zu einem Teig verkneten. In Frischhaltefolie einschlagen und im Kühlschrank 1 Stunde kühl stellen.

Äpfel schälen und die Kerngehäuse großzügig mit einem Apfelausstecher entfernen. Die Äpfel mit der Marzipanmasse füllen. Nach Belieben Rumrosinen oder Nüsse dazugeben. Den Backofen auf 160 °C (Umluft 140 °C) vorheizen.

Die Vanilleschote der Länge nach halbieren und das Mark herauskratzen. Puddingpulver und Eigelb mit 3 bis 4 EL Sahne verrühren. Die restliche Sahne mit Vanillemark und Zucker zum Kochen bringen. Die Pudding-Eigelb-Mischung unter Rühren zur kochenden Sahne geben und bei kleiner Hitze 5 Minuten kochen. Vom Herd nehmen und etwas abkühlen lassen.

Den gekühlten Teig auf einer bemehlten Arbeitsfläche ausrollen. Die Form einfetten, Teig hineinlegen und einen etwa 3 cm hohen Rand formen. Den Boden mehrmals mit einer Gabel einstechen. Die gefüllten Äpfel dicht nebeneinander daraufstellen. Die Vanille-Sahne-Mischung über die Äpfel gießen. Den Kuchen auf der 2. Einschubleiste von unten 1 Stunde backen.

Der Kuchen sollte nach 45 Minuten gut gebräunt sein. Ist er zu hell die Temperatur um 10 °C erhöhen, ist er zu dunkel die Temperatur um 10 °C reduzieren. Weitere 15 Minuten backen. Herausnehmen und auskühlen lassen, am besten über Nacht im Kühlschrank kühl stellen. Vor dem Servieren mit Puderzucker und Zimt bestäuben.

Diesen Kuchen pur oder mit geschlagener Sahne servieren. Gut schmeckt auch, wenn man ihn mit Calvados oder Brandy beträufelt.

Dieses Rezept bekam ich von unserem Kunden Dr. Uwe Borrosch, es ist sein Lieblingsapfelkuchen.

Westfälische Apfeltorte mit Pumpernickel

FÜR DEN TEIG
150 g Weizenvollkornmehl
1 Messerspitze Backpulver
1 Päckchen Vanille-Puddingpulver
60 g Zucker
1 Päckchen Vanillezucker
1 Ei Größe M
100 g kalte Butter

FÜR DEN BELAG
1 kg Äpfel (Hilde),
schälen und in Spalten schneiden
50 g Butter
3 EL Zucker
125 ml Weißwein

FÜR DEN GUSS
2 Eier Größe M, *trennen*
50 g Butter
30 g Zucker
2 Päckchen Vanillezucker
60 g geriebener Pumpernickel

Springform (26 cm Durchmesser)
Fett für die Form

Mehl mit Backpulver und Puddingpulver mischen, auf die Arbeitsfläche sieben. Zucker, Vanillezucker und Ei dazugeben. Die kalte Butter in kleinen Stückchen darauf verteilen. Alle Zutaten schnell zu einem Teig verkneten. In Frischhaltefolie einschlagen und im Kühlschrank 30 Minuten kühl stellen. Den Backofen auf 220 °C (Umluft 200 °C) vorheizen.

Die Apfelstücke in der Butter andünsten. Zucker einstreuen und Weißwein angießen. Zugedeckt 10 Minuten bei mittlerer Hitze dünsten. Vom Herd nehmen und abkühlen lassen.

Den gekühlten Teig auf der bemehlten Arbeitsfläche ausrollen. Die Form einfetten, Teig hineinlegen und einen etwa 3 cm hohen Rand formen. Den Boden mehrmals mit einer Gabel einstechen. Im heißen Backofen (Mitte) 10 Minuten vorbacken. Dann die Hitze auf 200 °C (Umluft 180 °C) reduzieren.

Eigelbe, Butter, Zucker und Vanillezucker mit den Schlagbesen des Handrührgeräts schaumig schlagen. Die Eiweiße zu steifem Schnee schlagen und mit den Pumpernickelbröseln unter die Eigelbmasse heben. Den Guss über den Äpfeln verteilen und 20 Minuten backen.
(*Foto auf Seite 74*)

Gedeckter Apfelkuchen vom Jakob Lebel

FÜR DEN TEIG
500 g Mehl
1 TL Backpulver
140 g Zucker
2 Eier Größe M
250 g Butter

FÜR DEN BELAG
1 kg Äpfel (Jakob Lebel), *schälen und würfeln*
1 TL Vanillezucker
100 ml Apfelsaft
20 ml (2 cl) Cognac

FÜR DEN GUSS
100 g Puderzucker
2 EL Apfelsaft zum Bestreichen

Spring- oder Tarteform (26 cm Durchmesser)
Fett für die Form

Mehl mit Backpulver mischen, auf die Arbeitsfläche sieben. Zucker und Eier dazugeben. Die kalte Butter in kleinen Stücken darauf verteilen. Alle Zutaten rasch zu einem Teig verkneten. In Frischhaltefolie einschlagen und im Kühlschrank etwa 1 Stunde kühlen.

Apfelwürfel mit Vanillezucker mischen. 100 ml Apfelsaft und den Cognac in einem Topf erhitzen. Die Apfelwürfel darin andünsten. Den Backofen auf 180 °C (Umluft 160 °C) vorheizen.

Zwei Drittel des gekühlten Teiges auf einer bemehlter Arbeitsfläche ausrollen. Die Form einfetten, Teig hineinlegen und einen etwa 3 cm hohen Rand formen. Den Boden mehrmals mit einer Gabel einstechen. Die Apfelmasse darauf verteilen.

Den übrigen Teig dünn ausrollen, die Apfelmasse damit bedecken und den Rand leicht andrücken, 20 bis 25 Minuten goldbraun backen.

Puderzucker mit Apfelsaft verrühren und den warmen Kuchen damit bestreichen.

*Dieses Rezept überließen uns unsere Freunde vom BUND Lemgo.
Der „Gedeckte Apfelkuchen vom Jakob Lebel“ war ihr Renner im Programm „Omas duftender Apfelkuchen“. Das Rezept stammt von Frau Bergmann.*

Empfehlenswerte alte Apfelsorten

Sorte	Verwendung	Genussreife
Ausbacher Roter	W (Most, Backen)	Nov. bis März
Borsdorfer	W (Kochen, Backen)	Nov. bis März
Boskoop	T, W (Backen, Mosten, Brennen, Kochen)	Nov. bis März
Celler oder Krügers Dickstiel	T, W (Kochen, Saften)	Okt. bis Dez.
Cox Orange	T(!), W (Backen, Kochen, Saften)	Sept. bis Dez.
Finkenwerder Herbstprinz	T, W (Backen, Kochen, Saften, Mus)	Okt. bis Jan.
Freiherr von Berlepsch	T (!), W (Backen, Kochen, Dörren)	Dez. bis März
Gelber Richard	T, W (Backen, Mus, Kochen)	Okt. bis Nov.
Gewürzluiken	W (Mosten, Backen, Kochen)	Okt. bis Dez.
Goldparmäne	T (!), W (Backen, Dörren, Brennen)	Okt. bis Dez.
Grahams Jubiläumsapfel	auch T, besser W (Mus, Backen, Dörren)	Sept. bis Okt.
Gravensteiner	T (!), W (Backen, Kochen)	Sept. bis Okt.
Graue Renetten	T, W (Backen, Dörren, Kochen)	Okt. bis Feb., je nach Sorte
Herzog von Cumberland	W (Backen, Kochen)	Sept. bis Nov.
Holsteiner Cox	T, W (Kochen, Backen)	Sept. bis Nov.
Horneburger Pfannkuchen	W (Backen, Mus)	Nov. bis Feb.
Jakob Lebel	W (Backen, Saften, Kochen, Dörren), eingeschränkt T	Sept. bis Nov.
Kaiser Wilhelm	auch T, besser W (Mosten, Backen, Kochen, Brennen)	Nov. bis Feb.
Klarapfel	T, W (Mus!)	Juli bis Aug.
Ontario	T, M (Backen, Dörren, Mus)	Dez. bis April
Prinz Albrecht von Preußen	T, W (Kochen, Mus)	Okt. bis Dez.
Roter Eiserapfel	W (Backen, Dörren)	Jan. bis April
Stina Lohmann	T, W (Backen, Dörren, Mus, Saften)	Jan. bis April

W = Wirtschaftsapfel, T = Tafelapfel, M = Mostapfel

(Auswahl/Übersicht)

Konsistenz	Geschmack
recht fest	leicht säuerlich, gut in der Verarbeitung
recht fest	als Tafelapfel wenig Aroma, hervorragend im Kochtopf
recht fest	säuerlich mit viel Zucker „in der Hinterhand“
etwas mürbe	süßsäuerlich mit schönem eigenen Aroma
recht fest	süß, hervorragendes, unverwechselbares Aroma
fest, etwas trocken	leicht säuerlich, herzhaft würzig
recht fest	sehr schönes Aroma, das in Verarbeitung erhalten bleibt
etwas mürbe	sehr schönes mildsüßes Aroma
leicht mürbe	hervorragend in der Verarbeitung
etwas mürbe	hervorragendes leicht nussiges Aroma
recht fest	säuerlich, saftig
fest, sehr saftig	wunderbares Aroma, der leckerste Frühherbstapfel
fest bis leicht mürbe	würzig, säuerlich
fest	mildsäuerlich, roh wenig Aroma, sehr gut in der Verarbeitung
fest	süßsäuerlich, sehr aromatisch
fest	großer säuerlicher Wirtschaftsapfel
etwas mürbe	leicht säuerlich, roh wenig Aroma, sehr gut in der Verarbeitung
fest	süßsäuerlich, guter Wirtschaftsapfel
fest	sauer, sehr kurze Zeit guter Tafelapfel, schnell mehlig
recht fest	fruchtig, leicht säuerlich
leicht mürbe	saftig, mit fein würzigem Aroma
fest	lang lagerbarer Wirtschaftsapfel
fest	würzig, süßsauer, einer der besten Winteräpfel

Alphabetisches Rezeptverzeichnis

Wenn Sie mehr über uns und unser Boomgarden-Projekt erfahren möchten,
können Sie gerne Kontakt mit uns aufnehmen:

Boomgarden-Verein
Eckart Brandt/Judith Bernhard • Im Moor 1 • 21712 Großenwörden
Telefon 04775/538
eckart-brandt@web.de • www.boomgarden.de

ISBN 978-3-8094-3341-5

2. Auflage

Umschlaggestaltung: Atelier Versen, Bad Aibling
Layout: aSH agentur Sandra Haberkorn, Mundelsheim
Redaktion: Jacqueline Böttcher, München
Redaktion dieser Ausgabe: Birte Schrader
Herstellung: Elke Cramer
Projektleitung: Anja Halveland
Bildredaktion: Sabine Kestler
Covermotiv: Karl Newedel, München
Rezeptfotos: Karl Newedel, München
Illustrationen: Privatarchiv Brandt
Weitere Fotos im Innenteil: Dennis Williamson, Buxtehude: 2, 9, 11, 91, 93; Stockfood/Treloar, Debi: 80

Satz: aSH agentur Sandra Haberkorn, Mundelsheim
Satz dieser Ausgabe: Nadine Thiel, kreativsatz, Baldham
Reproduktion: Artilitho snc, Lavis (Trento)
Druck und Verarbeitung: Mohn Media Mohndruck GmbH, Gütersloh

Printed in Germany

FSC www.fsc.org MIX Papier aus verantwortungsvollen Quellen FSC® C011124

Verlagsgruppe Random House FSC® N001967
Das für dieses Buch verwendete FSC®-zertifizierte Papier *Profimatt*
wurde produziert von Sappi Ehingen.

643080230110